안드로메다로 가는 배민 라이더

안드로메다로 가는 배민 라이더

주창윤 시집

시인의 말

언어의 안개를 명징하게 걷어내고 싶었다.

날 것을 명쾌하게,

표면적으로,

그냥 입에 녹듯이,

침묵이 너무 길었다.

2021년 봄

차 례

● 시인의 말

제1부

너무 늦었다 역으로 가는 쿠팡 트럭

퀵서비스 맨의 비상 ──── 13
명왕성의 항변 ──── 14
세상의 가장자리 ──── 16
안드로메다로 가는 배민 라이더 ──── 18
안드로메다에서 오는 배민 라이더 ──── 20
쿠팡맨의 과로사 ──── 22
추석을 배달하는 퀵서비스 맨 ──── 24
우루사 한 알 ──── 25
축지법을 쓰는 배민 라이더 ──── 26
노아에게 가는 퀵서비스 맨 ──── 28
점성술사 ──── 29
퀵으로 보낸 은행잎 ──── 30
사랑의 원형이론 ──── 31
너무 늦었다 역으로 가는 쿠팡 트럭 ──── 32
경봉대선사의 서문은 어디 갔나? ──── 34

워즈워스 집에 가다 ──── 36
볼록 거울 속의 비둘기 ──── 39

제2부

펀치 머신, 헐歇!

펀치 머신의 비애 ──── 43
여름 한낮의 펀치 머신 ──── 44
펀치 머신, 격투기 선수처럼 ──── 45
펀치 머신, 헐歇! ──── 46
노량 객잔 펀치 머신 ──── 48
펀치 머신의 복수극 ──── 50
포켓몬의 펀치 계수 ──── 52
펀치 머신 옆 철권 ──── 54
펀치 머신 부처 ──── 55
펀치 머신 꼽추 등 위로 내리는 눈 ──── 56
펀치 머신의 사랑 ──── 57

제3부

사우나 출애굽기

광야와 설산 사이의 사우나실 ─── 61

사우나 출애굽기 ─── 62

사우나 성지순례 ─── 64

사우나실 광어 ─── 66

소금방 새우 ─── 67

사우나실 담금질 ─── 68

사우나실 신생 ─── 70

사우나실 참선 ─── 72

사우나실로 가는 달마 ─── 73

열탕의 의미심장 ─── 74

냉탕의 입관 ─── 75

온탕의 유령진동증후군 ─── 76

습식 사우나실 올빼미들 ─── 78

사우나 사후 ─── 80

사우나실 나비 노인 ─── 82

사우나실 모래시계 ──── 84

쑥 사우나 동굴 ──── 85

사우나실에서 받는 면죄부 ──── 86

불가마 찜질방 ──── 88

그리운 은하수 목욕탕 ──── 90

사우나실 화장火葬 ──── 92

▨ 주창윤의 시세계 | 김건영 ──── 95

제1부
너무 늦었다 역으로 가는 쿠팡 트럭

퀵서비스 맨의 비상

빨강 신호등에 걸려 멈춰 서 있는데
어느새 날아왔는지 한 떼의 회색 비둘기
퀵서비스 오토바이들이
구구구구 울부짖는다.
그들은 제각기 흩어져 비상하다가
신호등 앞에서
서로의 부리로 안부를 확인한다.
생존의 속도를 낮추기도 전에
아직 켜지지 않은 초록 불을 향해서
퀵서비스 오토바이들은 퍼져 날아간다.
저마다 천국행 서류 봉투를 들고 가거나
화환을 싣고 장례식장으로
빠르게 질주한다.
나는 그 뒤를 조금 천천히 따라갈 뿐이었다.

명왕성의 항변

태양도 깨어나서 보지 않으면
죽은 별이다.

나는 늘 깨어
저 바깥 끝에서 밀짚모자 같은 토성이나
삶은 달걀 같은
행성들의 소멸을 바라보며
슬퍼하였나니

내 품계가 몇 단계 떨어져서
들어보지도 못한 왜소행성이 되어
그냥 떠돌이 별이 되었지만,
너희들의 바깥에서
더이상 바깥으로 나갈 수 없는 그 끝에서
기체의 사유로
살아왔다는 것을 아느냐!
저 바깥 끝에서 살아온
삶의 경계를 너희가 생각해본 적이 있느냐!

깨어 있지 않으면
태양도 그냥 죽은 별이다.

세상의 가장자리

　유엔환경계획 펭귄 생태조사를 위해 남극 로스 섬에 있는 극지연구소로 갔다 몇 해 전 지진으로 무너진 건물들이 아직도 복구되지 못한 뉴질랜드 크라이스트처치에서 남극으로 가는 군용비행기는 일주일 내내 출발하지 못했다 남극의 눈보라는 누구도 쉽게 받아들이지 않았다 일주일 기다려서 남극에 도착했을 때 세상은 경계가 없었다.

　펭귄 서식지 탐사를 위해 5km를 걸었다 방한복은 땀으로 젖었다 펭귄의 걸음으로 5km를 걷다 지쳤는데, 로버트 스콧은 남극점까지 썰매를 끌고 왕복 3,000km를 걸었다 그의 삶에도 경계는 없었다.

　뉴질랜드 연구원은 스콧 캠프가 있는 산 정상에 알프레드 테니슨의 「율리시스」 마지막 구절 "세월과 운명에 의해 쇠약해졌지만, 의지는 강하도다. 분투하고 추구하고 발견하고 결코 굴하지 않으리니"가 적힌 시비詩碑가 있다고 했다 나였다면, 다른 구절을 선택했을 거다 "나는 내가 경험했던 그 모든 것의 일부이나 모든 경험은 하나의 문門, 그

문을 통해 아직 가보지 못한 세계가 어렴풋이 빛나며 그 세계의 가장자리는 내가 다가가면 영영 사라지는 도다."

 세상이 아름다운 것은 경계가 지워지는 세상의 가장자리에 내가 서 있고, 지평선도 세상의 일부로 나와 함께 걸쳐 있기 때문이다.

안드로메다로 가는 배민 라이더

머나먼 길이다 청량리역에서 안드로메다까지,
별의 여왕에게 영원히 배고프지 않는 마법의 라면을 배달하러
페가수스 별자리를 향해 일만 광년의 속도로 질주한다.

나보다 더 빨리 달리는 외계인 폭주족들,
향하는 곳이 암흑성운인 줄도 모르고
무한대로 들어간다 큰 코끼리 별과 반딧불 별 사이
스타벅스 커피숍을 지나면
낙태된 자매 별들이 무중력 상태로 떠다닌다.

소행성 벨트를 따라 흘러나오는 미세먼지와
서울에서 뿜어낸 가스가 모여 잉태한
신성新星들 사이에 있는 분식점 은하정에서
라면 한 개와 이천 원짜리 김밥 한 줄을
나는 성급히 먹는다.

천공의 성 라퓨타 계단 아래서 마구 떨어지는 운석들이

우주 아래에 하얗게 쌓인다
기계인간 테레사가
"내 별이 그랬던 것처럼 당신 별도 마지막 순간이 다가오는군요"라고 말할 때,

나는 이미 밤이 없는 행성을 지나
낮이 없는 행성으로 들어가는 중이었다.

안드로메다에서 오는 배민 라이더

.

다시 머나먼 길이다 안드로메다에서 청량리역까지,
별의 여왕에게 배달된 영원히 배고프지 않는 마법의 라면은
긴 꼬리별이 되어 흩어졌다.

아내에게 문자 메시지를 보냈다
나 지금 돌아가고 있다고.
그래도 아내가 받으려면 몇 년은 걸리지 않을까
떠나는 길보다 돌아오는 길이 더 멀었다.

암흑성운인 줄도 모르고 무한대로 달렸던
외계인 폭주족들은 어디 가고
빈 헬멧과 오토바이들만이 떠다녔다
핸드폰 문자 메시지의 전송 속도보다 빠르게 질주하면
별의 목소리처럼,
내 문자 메시지들은 뒤에 처져 따라온다
낮이 없는 행성을 지나 밤이 없는 행성에서
기러기 떼 별처럼 날아가는 내 문자 메시지가 보였다.

나는 문자 메시지보다 빠르게

사랑하는 아내에게 달려가고 싶을 뿐이다

그렇게 질주해 온 일만 광년의 속도로.

쿠팡맨의 과로사

목을 한 바퀴 돌리는
부엉이처럼
쿠팡맨이 주변을 두리번 두리번댄다.

7과 1/2층은 어디에 있나요?

엘리베이터를 7층과 8층 사이에 세워 두고
그 틈을 자세히 보면
깊은 터널이 나오죠.
그곳에선 난쟁이도 살고
거인도 살고
부엉이 집도 있지요.

엘리베이터 7층과 8층 사이에서
쿠팡맨이 쓰러졌다.
과로사였다.
결국 자기를
천국으로 배달한 새벽

경찰은 엘리베이터 주변을 왔다 갔다 하고
7과 1/2층에 사는
부엉이는 아침까지
눈만 깜빡 깜빡거리고.

추석을 배달하는 퀵서비스 맨

배달이 밀리는 추석이다.
퀵서비스 맨이 갈비 세트와 특상特上 나주배 상자와
양주병을 가득 싣고
질주한다.
그의 어깨 너머 추석 보름달이
조금씩
조금씩
아래로 내려와 짓누른다.
특상 나주배 같은 달의 무게가
중심을 잃게 만들었나?
사거리에서 넘어진 오토바이
바퀴는 계속해서 헛돌고
쓰러진 퀵서비스 맨은 일어나지 못한다.
깨진 양주병에서
터진 보름달이 흘러내려
아스팔트를 적신다.
달은 그렇게 노랗게 흘러내리고 있다.

우루사 한 알

소련이 해체되던 그 해
러시아 캄차카반도에서
서식했던 곰들의 반 이상이 밀렵되었다.
한해 오천 마리가 죽었다.
자동소총으로 무장한 밀렵꾼들은
죽어서도 눈을 뜨고 있는
곰의 가죽을 벗겨냈다.
상징은 육체가 사라지면
남는 것이 없다.

나는 여전히 상징을
그리워하는 사람
간도 쓸개도 없이 하루를 보내고
귀가하는 만취한 늦저녁
집 앞 약국에서
우루사 한 알을
박카스와 함께 먹는다.

축지법을 쓰는 배민 라이더

허기의 속도를 따를 자 없다는 듯이,
배민 오토바이가
퀵서비스 오토바이를
가공의 축지법으로 추월한다.

올해는 기해년己亥年, 돼지해
60년 만에 오는 황금돼지해라고
모두 황금돼지꿈을 꾸는 한 해

배민 라이더는
삶은 황금돼지를 배달하는 중일 거다.
왕족발이나 보쌈,
뼈다귀 감자탕을 싣고 가는 중일 거다.

먹방의 돼지해
먹어도 먹어도 배부르지 않는
허기의 돼지해

쥐의 해인 경자년庚子年이 와도

황금돼지처럼.

노아에게 가는 퀵서비스 맨

    일주일째 폭우가 쏟아지고 있습니다 가는 길목마다 물이 차올라 내비게이션은 먹통이 되었습니다 미아에서 광화문을 지나 여의도로 가는 길까지 사십 분이면 넉넉한데 네 시간도 더 걸립니다 배송은 계속 늦어집니다 그대가 만든 방주는 보이지 않고 아주 멀리서 63 돛대만이 희미하게 무게중심을 잡고 있습니다 폭우 속에서도 광화문은 촛불들로 환합니다 광화문에 가득한 촛불 한 송이 품에 넣었습니다 무화과나무 잎새들로 만든 방주에 정결한 짐승과 부정한 짐승과 새와 땅에 기는 모든 것을 실었다면 제가 당신에게 갈 때까지 기다려주십시오 자정까지는 도착하겠습니다 비에 젖어도 꺼지지 않는 촛불 한 송이 싣고 가십시오.

점성술사

3천 6백 년 만에 한 번씩 지구를 지나가는
혜성을 보러
중미산 천문대에 갔다.
봄 저녁은 난리법석이다.
북서쪽이 어디더라?
나는 점성술사가 된다.

저 멀리 지나가는
혜성이 먼 훗날 다시 올 때
나는 삼다수 한 병을 들고
물병자리 옆에 떠 있을까?

점성술사는 미래를 예견하는 자가 아니라
현재를 저주하는 자다.

퀵으로 보낸 은행잎

손톱이 피어나는 은행잎을
자세히 보면 보랏빛이 돈다.

은행잎 하나 뽑아
아버지가 계시는 누나 집으로 보냈다.

그 사이, 아버지가 돌아가셨다.

은행나무의 체온은 식고
아버지 손톱은 보랏빛이 되었다.

사랑의 원형이론

어머니를 선산에 모셔두고
하산한다.

어머니는 사 년 만에 만난 아버지와
남산 숲길도 걷고
옥천 옛집도 가시겠지만

죽음 앞에선
신체가 영혼이다.

삶과 죽음은
어머니가 좋아하는
뜰 앞의 배롱나무일 뿐

한참 지나서야 슬픔이 다가오는 것을 보면
빈자리는 늦게 온다.

너무 늦었다 역으로 가는 쿠팡 트럭

쿠팡은 로켓처럼! 트럭 문구와 달리
쿠팡맨이
천천히 상계역을 거쳐
4호선 종착역인 당고개역을 지나
고전역으로 가서
박지원에게 『열하일기』를 건네주고

그 너머 맑은 영혼역으로 간다.
박용래에게
강아지풀 심어주고
천상병에게
방금 빚은 막걸리 한 통 배달했다.

민들레꽃 역에서
민들레 홀씨 몇 개 뿌려주고

너무 늦었다 역을 향해서
쿠팡 트럭은

천천히
천천히
가고 있다.

경봉대선사의 서문은 어디 갔나?

열여섯 아들 녀석이
지 엄마에게 신발 집어 던지고 집 나간 날,
마음을 다스리지 못해
예전부터 가끔씩 읽었던
석지현 편역 『禪詩』(6刷, 1982년 8월 20일)를
아들 방에서 읽는다.

차례를 보면 분명히
경봉대선사鏡峰大禪師가 쓴 서문이 8쪽에 있고
9쪽에 미당未堂이 쓴 '교열校閱을 마치고'가 나와 있는데
내 책에는 8쪽이 없이
9쪽부터 시작된다.
혹시 예전에 찢어진 것은 아닌지
책갈피를 아무리 찾아보아도
찢어지거나
사라진 흔적이 없다.

가출한 열여섯 살 아들놈처럼,

경봉대선사의 서문도
『禪詩』밖으로 나간 모양이다.

어쩌면
옛 고승들의 비秘와
여旅와
심心과
공空이
너무 무거웠던 것은 아닐까.
아들 녀석의 어깨를 누르는 봄처럼.

워즈워스 집에 가다

1
윈더미어에 있는 워즈워스 집에 갔다.
서리맞은 나무들
가는 철사처럼 하얗게 뻗어 있는 길옆에서
사진 몇 장 찍고,
그런 시인이 있었던가 조롱도 하면서.

2
워즈워스인지
워스워즈인지
시인의 이름은 늘 혼동되었다.
하기야 시인의 이름이 무슨 상관인가.

혼란은 혼란을 낳는다.
좌측통행을 하다가
윈더미어로 향하는 가늘고 긴 시골길에서
마주 오는 낡은 포드에 두 번이나 치일 뻔했다.
혼란이 없으면 질서도 없다.

3
윈더미어 호수 위
한 무리의 기러기 떼 시옷 자를 그리며 날아간다.

일사불란하다.
욕망이 가르쳐 준 제식훈련
시옷 자가 무너지면 죽음이라고 말하려는 듯이,
죽음은 이탈이라는 것을 보여주려는 듯이,
그러나
기러기 떼를 보면
질서란 또 다른 혼돈이라는 생각이 든다.

4
중세의 가옥처럼 낡은 선물 가게에서
시가 적혀 있는 엽서 몇 장 샀다.

집에 돌아와 읽어보니

워즈워스의 시가 아니라

실러의 것이었다.

왜 워즈워스 시인의 집에서

실러의 시가 적힌 엽서를 팔았을까?

볼록 거울 속의 비둘기

상징이란 너무 자주 닦으면 녹스는 것이 아닌가.
시청 광장과 덕수궁 사이를
마을버스처럼, 오가는 한 떼의 비둘기들
뜬금없는 비상
덕수궁 내
볼록 거울 앞에 섰을 때
빈 병 같은 나
터무니없이 부풀어 오른 똥배와
바람 빠진 뇌
볼록 거울 앞의 나와
비둘기의 공전空轉에는 차이가 없다.
자주 닦아 텅 빈 상징 속에서
한 번도 투쟁적으로 날아본 적이 없는
비둘기 떼가 광장 위를 선회한다.
위엄 있게, 아주 평화롭게,
코미디처럼.

2부
펀치 머신, 헐歇!

펀치 머신의 비애

전자오락실 출입문
갑옷도 투구도 없이
전경戰警처럼 지키고 서 있는 펀치 머신
"나 한번 쳐 볼래" 청한다.

"그러마" 오른손 주먹으로 한 방 날리면
뒤통수가 아프게 맥없이 쓰러졌다가
기기기긱 ———
일어선다.
한 번 더 세게 때려달라고.

때로는 분노가 된 민주民主가 치고 갔고
애증이 된 사랑이 박치기를 했고
길 잃은 실업失業은 옆차기도 했다.

그래도 펀치 머신은 일어선다.
괜찮다고
괜찮다고.

여름 한낮의 펀치 머신

중복中伏의 한낮이
펀치 머신을 무겁게 누르고 있다.

공허한 기다림으로
하루를 보내는
펀치 머신은 매춘녀를 닮아 있다.
하루가 껌에 씹혀지듯이,
하루를 누워 기다리듯이,

삼계탕집으로 향하는
이 중복의 한낮을,
펀치 머신은 등에 땀띠가 나도록
누워 무작정 기다린다.
만성 무기력
치유될 수 없는 발기부전증

동전을 넣어도
일어서지 않는다.

펀치 머신, 격투기 선수처럼

내 몸은 오래전 만신창이가 되었다.
어깨는 찢어져서
동네 외과 의사가 꿰매어 주었고,
여러 번 부러진 코뼈도 다시 세우느라 성형했다.
대전료로 겨우 오백 원짜리 동전 한 개 받으면서
또 얻어터지기 위해서 힘겹게 일어나야 한다.
너희가 아느냐.
부러진 목뼈가 낫기도 전에 매번 패하는 격투기 선수처럼,
오각의 철망 속에서
망가진 몸을 이끌고 일어서는 이유를.
내 허리가 반 이상 꺾일수록
너희들은 환호한다.
나는 만신창이가 된 몸을 이끌고
힘거운 하루의 노동을 위해서
새벽에도 이렇게 홀로 서 있다.

펀치 머신, 헐歇!

"조사祖師가 서쪽에서 오신 까닭은 무엇입니까?"
향림이 답한다. "오래 앉아 있어 봐야 피곤하기만 하다"
임제가 답한다. "내게 방석 좀 갖다주게"
조주가 답한다. "뜰 앞의 잣나무다"
대답 안 한 선사는 거의 없다.
한마디로, "알아서 뭐 하게. 너나 잘해!"다.

한때 선시禪詩에 빠져
달마를 불러 내 발을 씻게 했다.
마른 똥 막대로 만든
구멍 없는 피리로
선사의 방귀 소리를 연주했다.
달마의 역근경으로 내공심법도 연마했다.
누군들, 앵무새의 흉내를 내지 못하겠느냐.

진흙 소 쇠풀 뜯어 먹는,
개 아가리 닥치라고 말하려는 순간
갑자기 뒤돌려 차기를 맞고

뒤통수가 깨지면서 눈알이 튀어나올 때,

할喝!
깨달음을 얻는 소리

죽비가 앞 통수를 더 세게 내리칠 때,

헐歇!
깨달음을 포기하는 소리

노량 객잔 펀치 머신
― 유하 武林詩法

적수공권赤手空拳 삼포三拋 청년객들이
공력을 쌓기 위해
등짐 가득 비서祕書들을 지고
일렬로 서 있는 문파들의 도장으로 날아간다.

삼대독술三大讀術을 익히고
단옥신공斷玉神功을 수련해왔다.
중원 도호부都護府나 충청 도호부 세리가 되거나
멸화군滅火軍을 꿈꾸면서
열화문 속으로 뛰어들기도 했다.

벽안碧眼의 선사로부터 서역에서 온 서책들
도장을 떠난 사형에게 받은 족보신경을 메고
선혈을 토하면서 온갖 비급祕笈들을 독파하여
삼갑자 내공을 쌓았는데,

아! 무림의 세계가 어찌 무겁다 하지 아니하리오!

비무대회에서 단 이 초식招式만에
폐가 뚫리는 깊은 내상을 입고 쓰러지듯 돌아와
종일 노량 객잔에서 이슬주를 마신다.

취권으로 비틀비틀 혈맥을 치고
철장풍도 날린다. 나는 혈공이 파한 듯 쓰러져
함께 울고 싶은데,
낙엽 한 장 떨어지지 않는다.

펀치 머신의 복수극

강호江湖에 지존은 없다.

며칠 전에는 위층 주막에서
절대천마가 망토를 타고 내려오면서
독표창을 양어깨에 꽂았다.

어제는 『지존경』을 왼쪽 팔뚝에 끼고 날아와서
달을 쪼개듯,
가죽 배를 반으로 갈랐다.
비겁하게, 참월신도斬月神刀를 쓰다니!
지존이란 비겁한 자들이다.

베어진 가죽 배에서 하얀 피가 솟구쳤다.
흰 피의 순결을 네가 아느냐.

비겁하게, 절대천마가 다시 분심당수로 기습할 때
나는 복부에 숨겨둔 살수 철사장으로 삼합을 겨루었다.

강호에 지존은 없다.

오른손에 깁스를 한 절대천마가 지나간다.

포켓몬의 펀치 계수

오락실 펀치 머신 앞에서
포켓몬으로 변신한
아이들이 펀치 계수를 높여간다.

달맞이 산에서 내려온
홍수몬은 복서의 혼이 깃든
마하 펀치로 선공하고
리자몽은 화염 펀치를 진화시켜 불꽃 펀치를 날리며
피카츄는 10만 볼트의 번개 펀치로
세상을 마비시킨다.
진화에는 끝이 없다.
그 옛날 바위 깨기 펀치나 분노의 앞니 정도는 견딜만했다.
감당할 수 없을 정도로
높아지는 포켓몬 펀치의 위력계수

삼색 펀치가 날아온 후
메가톤 펀치가 마지막으로 급소를 칠 때,
눈앞은 암운暗雲으로 덮인다.

오락실을 나오는 아이들
호주머니마다 살수의 무기가 하나씩 들어 있다.

펀치 머신 옆 철권

손님이 찾아오지 않는 펀치 머신이
생맥줏집 옆으로 옮겨져 있다.

펀치 머신 옆에는
늘상 붐비는 철권 오락 게임기가 놓여 있고.

초등학생, 중고등 학생뿐만 아니라
중년들에게도 철권의 세상이다.

이단옆차기와
뒤돌려차기와
허공을 가르며 내리치는 호접검
폐부 깊숙이 박힌다.

"아, 씨발"

펀치 머신 어깨 옆으로
핏방울들이 튄다.

펀치 머신 부처

펀치 머신은 매일 누워 새벽까지 경經 읽는 소리를 듣는다.

삼겹살집 간판이 흔들릴 때마다 들리는 풍경 소리
왼편에 있는 바다횟집에서 광어회 뜨는 목어 소리
노래방 도우미가 지하 계단으로 내려가는 하이힐 목탁 소리
만취한 사람들이 토해내는 독경 소리

경이 길을 보여주지는 않는다.

지난밤 이탈했던 경전의 조각들을
펀치 머신 부처가
직소 퍼즐을 맞추듯 다시 끼워놓는다.

펀치 머신 꼽추 등 위로 내리는 눈

아마추어 복서의 연타로
파열된 복부를 감싸고 있는 꼽추 등 위로
눈이 내렸다.

세상을 붕대로 감싸듯이,
상처를 어루만지면서
앓는 소리조차 아프지 않도록
더 이상 아픈 몸이 아프지 않을 때까지
밤새도록
살포시,

그래도 상처는 상처로 남는다.
떠나는 것은 깊어지고
가라앉으면서 떠오른다.

아침이면 사람들이
꽉꽉 눈을 밟으면서 걸어간다.

펀치 머신의 사랑

길 위의 삶은 늘 아팠습니다.

폐에 물이 차올라 연못이 생겼습니다.

당신이 뿌린 꽃씨가 수련이었다는 것을 이제야 알게 되었습니다.

함께 보낸 어제는 오늘하고도 영원

내가 사는 이유는 폐 속에서 당신이 피워낸 수련이 자라고 있기 때문입니다.

3부
사우나 출애굽기

광야와 설산 사이의 사우나실

누구는 맨발로 광야를 헤매었다.
누구는 빈손으로 설산을 향해 걸어갔다.

온탕과 냉탕 사이,
사우나실 가는 길

그래서, 나도 발목에
열쇠를 차고 들어가는 거다.

사우나 출애굽기

재앙의 나날들이었다.
열정의 청년 노예들은 애굽으로 팔려갔다.

한강 하구는 녹차라테가 되었고
양서류들은 시내의 우물마다 알을 낳았다.
열대 박쥐 떼가 들끓었고
독종毒腫이 퍼져
모두 다 마스크를 쓰고 다녔다.

선지자를 따라
홍해로 가는 홍대입구역 지하도에서
서교로 가야 하는지 동교로 가야 하는지 길을 잃었다.
바다는 갈라지지 않았다.

거세지는 미세 모래폭풍과 구름기둥 넘어
저 높이 사우나 산이 보였다.
산상으로 통하는 계단을 밟고 옥상으로 올라가서
계명을 받았다.

"각자도생해라."

사우나 성지순례

   기독교인들은 예루살렘으로 순례를 떠나고
   이슬람교인들은 메카로 향하는 길목에서 돌기둥에 돌을 던지며 마귀를 쫓고
   힌두교인들은 갠지스강에서 환생의 하늘 물고기를 잡는다.

   기독교 대학교수인 나는
   주일 대학교회에 예배보러 가지 않고
   사우나에 간다. 일상의 의례는 순례가 된다.

   물세례의 찬송가를 부르고
   열탕의 바닥에서 올라오는 물방울의 설교를 들으면서

   이층으로 올라가
   황토방에서 느끼는 흙의 촉감
   성스러운 것은 말씀의 청각이 아니라 손끝의 촉각이라고 믿으면서
   불가마 방에서 엿새 동안 창조 사역을 하셨던 하나님의 굵은 땀방울도 흘리면서

소금밭으로 가서 죄를 씻어낸다.

맥반석 달걀 두 개와
식혜 한 잔을 마시면 나의 주일 성지순례는
아름답게 끝난다.

만 원의 순례
헌금 칠천 원
부활 달걀 두 개 천 원
성수 식혜 한 통 이천 원

사우나실 광어

우리 동네 하이렉 스파 사우나
목욕관리사 조 씨는 횟집 주방장 같다.

때밀이 탁자 위에
발가벗고
눕는 순간,
분무기로 식초를 내 몸에 뿌리고
광어회 뜨듯
껍질을 벗겨낸다.

뼈와 살이 분리된 지도 모르고
살아 있다고
살이 있다고
눈을 깜빡거리면서
생선회 접시 위로 올라온 광어처럼,

나도 눈만 깜빡 깜빡인다.
남은 꼬리지느러미를 팔딱이면서.

소금방 새우

안면도 대하식당
부르스타 위 프라이팬에
소금을 깔아 놓고
새우들이 일렬로 누워 있다.

북적대는 소금방에도
빨간색 찜질복을 입은
새우들이 소금밭 위에
모로 누워 있다.
빨갛게 더 빨갛게 익어갈 때까지

밖에서 누군가 부르스타 켜는 소리

사우나실 담금질

사우나에 가면
언제나 그 찜통 속에서
십 분 동안
체조를 하고 나와
냉탕으로 가서
폭포 밑에서
성자聖者처럼 두 팔을 벌려서
고통의 물방울 세례를 받고
열탕으로 들어가서
백을 센 다음
다시 사우나실로 들어오는
사람들이 있다.
이것을 몇 번 반복한다.
말하자면
육체의 담금질이라고나 할까?

나도 한번 따라 해보았다.
이건 완전히

심장마비 일보 직전이다.
내 육체의 담금질이 아니라
살과 뼈가
흐물흐물해지는 느낌이다.
온몸이 마구 뒤틀린다.
수족관에서 방금 잡아 올린
문어처럼.

사우나실 신생

탈의실에서 팔뚝과 성기性器를 만났다.
힘 역力자와
코브라 문신을 한 팔뚝
다마를 박은 성기
선배인 듯한 팔뚝이 성기에게 말했다.
"그 새끼 오늘 회칼로 그어버려"
나는 섬뜩해서 뒤로 물러선다.

팔뚝과 성기를 다시
사우나실에서 보았다.
왕다마를 박은 불상
문신을 한 불상
두 분이
지그시 눈을 감은 채
명상에 잠겨 있다.
몇 분 사이 다른 팔뚝과 성기를 보는 것 같다.

하루에도 이렇게 신생新生을

준비하는 자가 많다는 것에 감사하자.
사우나실로 들어오는 영혼마다
잠시 동안 허물을 벗는다.

사우나실 참선

알몸으로 만나는 곳은 어디나 성지^{聖地}라고 말하듯이,
오십 대 중년 사내는 지그시 두 눈을 감은 채
가부좌를 틀고 참선한다.
나는 점점 숨이 막혀오기 시작하는데
그는 내가 사우나실에 들어왔을 때부터 움직임이 없다.
세 겹으로 불룩하게 나온 아랫배는 성기를 가리고
경건하게, 빨간 타월을 깔고 앉아서

그가 흠뻑 젖어 있다.
일어서면 찢어질 듯이.

사우나실로 가는 달마

달마의 선방禪房도 들어서면
숨이 막혀왔을 것이다.

내 몸의 일부를 비워내는 것은
종교적이라기보다 정치적이다.
이마에 수건을 묶고 투쟁적으로 버티는 것이다.
사우나실 문을 열고 들어갔을 때
모든 자리는 이미 채워져서
앉을 공간이 없다.
조사祖師의 선방도 여백이 없다.
나는 숨이 막혀 삼 분도 채 버티지 못하고
급하게 밖으로 나와서
사이다 한 병을 단숨에 들이켠다.

열탕의 의미심장
— 장석남 詩法

열탕으로 반신욕을 하러 들어가면
그대로 의미심장

양은 냄비에 불어터진
라면발처럼 부풀어 오른
반가사유상의 하반신

빨갛게 익은 배꼽 위와 아래로
내 육체가 선명히 이등분된다.

열탕에서 나오면
그대로 의미심장

냉탕의 입관

순서도 없이,
처제가 먼저 하늘 계단을 올랐고
장인어른이 뒤따랐다.

목욕관리사에게 내 몸을 맡길 때
입관 전 염습사가 떠올랐다.
그가 내 육체를
염하는 동안
짧은 저승 잠을 잤다.

염습사가 입혀 놓은
비누 거품 수의

염의 제단에서 내려와서
냉탕의 입관실로 들어간다.

온탕의 유령진동증후군

오늘 하루도 세상의 말들은
길을 잃거나 핸드폰 부재중
수신함에 가두어두고
길 잃은 말들은
길을 잃게 그냥 버려두고
사우나 하러 간다.

온탕에서 명상을 할 때마다
자꾸 핸드폰 벨 소리가 들린다.
후다닥 밖으로 나가 옷장을 열어
부재중 수신이 있는지
문자 메시지를 확인하면
누구도 전화하지 않았다.
유령이 전화하나?

옷장 문을 다시 닫으려는데
문자 메시지 오는 소리

고객님의 대출 납입이자

예정금리 3.22%

535,786원

습식 사우나실 올빼미들

습식 사우나실로 들어가면
서로를 경계하는 눈빛들로 가득하다.

나보다 먼저 들어와 편백나무 의자에 둥지를 틀고 있는 올빼미들
나는 그 옆 파란색 플라스틱 의자에 앉고
더 늦게 온 올빼미들은
서서 헛 둘, 헛 둘
맨손체조를 한다.

폭우의 땀방울이 쏟아져도
먼저 온 올빼미들은 편백나무 둥지를 떠나지 않는다.
모두 내면 깊숙이 덫을 놓고
사냥꾼의 대열에서 추방되지 않으려고
경계의 목을 한 바퀴 돌리면서
완강히 버티고 있다.

헛 둘,

헛 둘,
아무리 기다려도 편백나무 둥지에는 자리가 없다.

사우나 사寺

부친상 중인
선배와 鬼神寺인지 歸信寺인지
그저 한글로 귀신사로
쓰여 있는 절에 갔다.

늙은 감나무 가지에
몇 개 걸려 있는
홍시들이
선승禪僧 같았다.
아래로 떨어질 듯 떨어질 듯하면서도
왠지 당당해 보였다.

절치곤 특이하게도
돌사자 등 위에
커다란 남근석이 서 있었다.
낯 뜨겁게 부처님 앞에
남근석을 세워놓다니.

저녁 시간이 되자
스님 한 분이 남근석 앞에서 기도를 올리고
석탑 몇 바퀴 돌았다.
나도 선배도 몇 바퀴 돌았다.

사우나 사寺
여기저기 커다란 남근석이 솟아 있다.
나는 다시 경배한다.

사우나실 나비 노인

사우나실에서 혼자 앉아 있는데
여든쯤 된 노인 한 분이
들어왔다.
달팽이 허리
깊게 주름진 뱃가죽

나는 먼저 사우나실을 나와
온탕에 앉아
살을 뺄 이유도
벗겨낼 껍데기도 없는 노인이
사우나실로 들어간 이유를 생각했다.

십 분이 지나도
노인은 밖으로 나오지 않았다.
혹시 사우나실에서
졸도한 것은 아닐까 걱정이 되어
안으로 들어가 보았다.
노인은 없고

대신 나비 한 마리가 밖으로 날아갔다.

이건 장자莊子의 꿈이 아니라,
나의 꿈이므로
사실이다.

사우나실 모래시계

피곤한 어제의 하루를 벗겨내기 위하여
사우나실은 아침부터 북적거린다.
찌그러진 바퀴들은 무거운 성기를 이끌고 들어와서
열심히 팔굽혀 펴기를 하고
어젯밤의 구토도 땀을 빼며
내장을 비워낸다.
모래시계가 완전히 비어지는 십 분 동안
모두 다 방전된 육체의 배터리에 충전한다.
전능의 누구도 저렇듯 지친 영혼을 빠르게
회복시키지는 못할 것이다.
탈골된 바퀴들은 마디마디 기름칠 되고
스패너로 조여져서
하루 동안의 구원을 받은 후
다시 찌그러지고
구토하기 위해서
씩씩하게 밖으로 나간다.

쑥 사우나 동굴

쑥 사우나 동굴 벽마다
드라이플라워가 아니라
드라이 쑥이 십여 묶음 거꾸로 매달려 있다.
금욕적이다.

면벽面壁의 자세로
하나부터 백까지 천천히 세기로 한다.
예순을 넘기고부터
금욕은 본능이 된다.

산단 나무 의자에 앉아 있는
내 아랫도리에서 구렁이 허물이 벗겨진다.
잘못 들어왔다.
쑥 사우나 동굴

사우나실에서 받는 면죄부

사우나실 안으로 들어가면
모두 말이 없어진다.
말은 죄가 된다.
휴게실에 앉아
류현진 야구 중계를 보면서
열을 올렸던
중년의 아저씨도 묵상에 잠긴다.
사우나실의 묵언
말은 죄가 되고
죄는 수증기가 되어 사라지는 곳

사우나실을 나와
몸무게를 재면
정확히 500g 빠져 있다.
한 주일 동안
마구 내뱉은 말의 무게
내가 저지른 죄의 무게?

사우나실에서

죄 많은 자

침묵의 면죄부 한 장 받고 나온다.

불가마 찜질방

월악산과 황장산 어깨 아래
물과 바람이 지는 도예촌 입구마다
깨진 자기 파편들이 널브러져 있다.
햇빛에 반사되는 파편들이
내 눈을 찌른다.

나는 불가마 찜질방으로 들어간다.
몇 벌 도자기처럼,
수건으로 아랫도리를 가린 사람들
담요로 온몸을 감싸고 있는 사람들이 동그랗게 웅크리고 앉아 있다.

전생前生에 토기나 뚝배기,
항아리였던 사람들이
후생後生에 백자나 청자를 꿈꾸면서

밖에서 들리는 힘찬 발 물레질 소리

십여 분 불가마에서
몸뚱이를 굽고 밖으로 나오는데

갑자기
내 몸의 일부가
쩌억~
갈라진다.

그리운 은하수 목욕탕

중계동 한화꿈에그린 아파트 정문에서
오른쪽으로 길게 걸어가면
빌라와 주택들 사이
은하수 목욕탕이 있다.
몇 달 만에 갔더니 사라졌다.

격포에 가서, 밀물과 썰물이 만들어낸
해안 절벽의 층층이 쌓인, 시간들이
만들어 낸 질서 앞으로 내려갔다.
퇴적의 아름다움이었다.
퇴적층 겹겹이 공룡의 발자국도
오래전 떨어진 별들과
그 위를 덮고 있는 달빛들이
차곡차곡 쌓여 있고
파도가 씻어내고 있었다.

은하수 목욕탕 할머니가
건네주는 티켓을 갖고 들어가서

은하수의 한가운데 나 홀로
눕고 싶었는데
시간은 구부러져 있다.

그리운 은하수 목욕탕
시설은 허름해도
물 맑은 곳.

사우나실 화장火葬

사우나실 문을 열고
인도 힌두 사원으로 간다.

화장을 기다리는 관들이 쌓여 있다.
부자는 비단으로 감싸고
빈자는 무명으로 감싸고
부자는 다시 부자로
빈자는 다시 빈자로,

누가 인도에서 가난은
죄가 되지 않는다고 말했던가?

비단도, 무명도 걸치지 않는 채
빨간색 수건으로 덮여
화장을 기다리는 시신 한 구
손에 1,000루피짜리 지폐를
꼬옥 쥐고 있다.

주창윤의 시세계

편지는 도착하고 만다

김건영

주창윤의 시세계

편지는 도착하고 만다

김건영

(시인)

 긴 침묵을 깨고 다시 목소리를 내기 시작한 시인의 원고를 받았다. 시인의 말은 '침묵이 너무 길었다'로 마무리되었다. 실제로 시인은 1998년에 두 번째 시집인 『옷걸이에 걸린 양¥』 이후 23년이 지난 후에 세 번째 시집을 엮었다. 이 흔치 않은 긴 잠수 끝에 도달한 언어와 이전의 언어 사이의 간극에 관한 고민이 나를 사로잡았다. 세상에 존재하는 모든 전언은 결국 도착한다. 너무 이르게 도착하거나 적절한 때를 지난 후에 발견되기도 한다. 수취인에게 배달되지 못하는 경우가 있지만, 그 역시 잘못된 지점에 도착한 것이지 도착에 실패한 것이 아니다. 침묵 역시 발화의 한 종류라는 것을 우리는 알고 있다. 하나의 텍스트를 사려 깊게 읽으려고 노력하다 보면 행간에서, 잠시 숨을 고르는 화자의 모습에서 더 많은 것을 읽을 수 있게 된다. 분석에 앞서 이해와 공감의 차원에서 우리는 그 틈에 우리의 상상력을 동원해 시인이 긴 시간 동안 침묵을 통해 말하려던 것을 복원해 내야 한다.

1.

주창윤 시인이 이번 시집에서 '배민 라이더', '쿠팡맨', '퀵서비스 맨' 등의 화자를 주목한 이유를 추측해 볼 수 있는 시가 바로 「안드로메다로 가는 배민 라이더」와 「안드로메다에서 오는 배민 라이더」 두 작품일 것이다. 시인은 이 두 시편에서 물리적 거리와 함께 시간의 간극을 함께 부려놓는다. 「안드로메다로 가는 배민 라이더」에서는 마츠모토 레이지의 애니메이션『은하철도 999』(1978년 방영 시작)로부터 미야자키 하야오의 장편 애니메이션『천공의 성 라퓨타』(1986년 작)를 통해 시간적 간극을 보여준다. 결국 시인이 배달한 전언은 '기계인간 테레사가 "내 별이 그랬던 것처럼 당신 별도 마지막 순간이 다가오는군요"'라는 디스토피

아직 예언이다. 「안드로메다에서 오는 배민 라이더」에서도 같은 간극이 반복된다. 마츠모토 레이지의 작품 『은하철도 999』 세계관으로부터 신카이 마코토 감독의 『별의 목소리』(2002년 작)까지의 간극이 시편에 녹아 있다.

  시인은 두 번째 시집을 출판한 후 영국 글래스고대학에서 영화와 텔레비전학과에서 박사학위를 받았다고 한다. 그 시간 동안 아마도 시인은 스스로가 시의 바깥을 여행한 것이라는 인식을 가진 듯하다. '안드로메다'는 우리가 익히 보던 창작물 속에서만 방문이 가능한 곳이다. 시인의 외유는 시간과 공간을 더한 시공간時空間적 거리를 더해 표현된다. 혹자는 이러한 창작물들이 인용되는 것이 이전의 한때를 풍미했던 키치Kitsch의 답습으로 이해할지도 모른다. 그러나 우리는 이 전언들이 당도한 시공간時空間을 더해 고민해 보아야 한다. 기이하게도 소위 대중문화로 폄하 받던 문화들 중에서 어떤 것들은 향유자들이 나이가 들어감에 따라 고전의 반열에 오르기도 했다는 사실을 떠올려 보아야 한다. 더하여 80년대의 키치적 전략을 통해 기존의 견고한 수직적 취향의 세계가 무너지기는커녕, 시간이 흐르고 더욱더 확고해졌음을 시인의 인용은 우리에게 보여준다. 젊은이들 사이에서 '고오급'이라는 표현이 비하의 의미를 품고 있다는 사실을 떠올려 본다. 제때 도착하지 못한 편지는 사실 가장 정확한 순간에 예언처럼 도착한 것이다. 디스토

피아적 세계관을 가진 창작물을 차용한 것은 다른 시편인 「점성술사」의 마지막 구절에서 '점성술사는 미래를 예견하는 자가 아니라/ 현재를 저주하는 자다.'라는 진술로 그 근거를 찾아볼 수 있다. 이 사회가 안전하고 발전적 방향으로 나가지 않고 있다는 인식이 긴 침묵을 넘어 시인의 입을 열게 한 것이다.

시인이 소위 '배달부'라고 할 수 있는 주체들을 덧입고 있는 이유 또한 자명하다. 최근 신축 아파트 입주민들과 택배 노동자들의 입장 차이가 극명하게 벌어져 논란이 되고 있다는 기사를 자주 접하게 된다. 현대 사회의 가장 큰 병폐는 편리함에 있다. 과정과 절차가 생략되는 데에는 자본과 타인의 희생이 필요하기 때문이다. 정당한 가치교환 체계라 믿는 노동자와 수요자의 관계에서, 특히 배달 노동자들에게 강요되는 덕목은 바로 속도이다. 수요자는 움직이지 않는다. 대신 '배달의 민족 오토바이'가 수요자의 속도마저 감당해야 한다. 「축지법을 쓰는 배민 라이더」의 탄생은 그래서 서글프다.

십여 년쯤 전 한겨울이었다. 자정이 넘은 시간이었다. 함박눈이 내리고 있었고 사람은커녕 차도 다니지 않고 있었다. 사방이 미끄러워 취한 정신에 술이 다 깬 채로 더듬거리듯 오르는데 언덕배기에서 야식을 배달하러 가던 오토바이 배달부가 눈길에 미끄러졌다. 오토바이에 달린 트렁크에서 치킨이 쏟아져 도로에 별자리처럼 흩어졌다. 많이 다치지는 않았는지, 벌떡 일어나 앉은 그는 '내가 그럴 줄 알았어. 그럴 줄 알았어.'라고 나지막이 자책했다. 주창윤 시인의 세 번째 시집 원고를 읽으면서 다시 그 목소리가 내 귓가를 맴돌기 시작했다. 시인 역시 그러한 광경을 목도한 것은 아닐까.

    배달이 밀리는 추석이다.
    퀵서비스 맨이 갈비 세트와 특상特上 나주배 상자와
    양주병을 가득 싣고
    질주한다.
    그의 어깨 너머 추석 보름달이
    조금씩
    조금씩
    아래로 내려와 짓누른다.
    특상 나주배 같은 달의 무게가
    중심을 잃게 만들었나?
    사거리에서 넘어진 오토바이
    바퀴는 계속해서 헛돌고
    쓰러진 퀵서비스 맨은 일어나지 못한다.
    깨진 양주병에서
    터진 보름달이 흘러내려

아스팔트를 적신다.

달은 그렇게 노랗게 흘러내리고 있다.

―「추석을 배달하는 퀵서비스 맨」 전문

도처에 배달부를 무시하는 경향이 만연하다. 특히나 배달하는 물품의 종류와 가치를 통해 배달부들도 그 수준을 평가받는다. 참으로 이해할 수 없는 일이지만 현대사회에서는 없으면 큰 불편을 겪을 존재들이 삶의 주변부로 밀려나 있는 것이 현실이다. 이러한 상황 때문에 시인은 주변부로 밀려난 존재들인 배달부들을 소환한 듯하다. 23년 전 두 번째 시집 『옷걸이에 걸린 양羊』에서 '육체 없는 허깨비들이 플래카드처럼 줄지어 서 있는 곳:/ 옷장―문명의 나무棺'을 발견했던 시인은 이제 그들의 허기를 채워주려는 더 소외된 존재들을 발견했다.

전체적으로 살펴본다면 시집의 1부에서 '배달부'들의 목소리를 빌려 이야기하고 있다. 뒤에 살펴볼 2부에서는 세계의 폭력을 견뎌야 하는 '펀치머신'을 소환한다. 그리고 3부에서는 귀함과 천함을, 성聖과 속俗을 경계를 허무는 자리인 사우나실을 주 무대로 작품이 구상되어 있다. 이러한 배치는 아마도 시인의 두 번째 시집 뒤편에 있는 시인의 말에서 단서를 찾을 수 있을 듯하다.

'시와 이론 사이에서 거리를 유지하고 싶었다. …(중략)… 두 세계는 끊임없이 서로 잡아당긴다. 그러나 다행스러운 것은 시적 세계의 흡입력이 이론의 흡입력보다 세다는 사실이다. …(중략)… 시는 억압하지 않음으로써 억압에 대해 성찰할 수 있는 공간을 열어주고, 현실에 대한 문제의 제기를 그리고 당위의 닫힌 공간을 반성의 열린 공간으로 바꾸어놓기 때문일까. …(중략)… 아마도 두 세계는 내 안에서 화해하지 못할 것이고, 거리를 유지하려는 나의 작업은 실패할 것이다.

이전까지의 시인은 시 자체의 힘과 언어적 이론을 통한 미적 긴장 사이에서 고민했던 듯하다. 그 균형 사이에서 고민하는 것 자체를 즐기고 있다는 진술은 둘 다를 끌어안고 싶지만 그러지 못한다는 사실을 내포하고 있다. 23년이 지난 지금 이번 시집의 시인의 말 첫머리는 '언어의 안개를 명징하게 걷어내고 싶었다.'로 시작한다. 둘 사이의 긴장에서 어느 한쪽을 선택한 것이리라. 모호한 언어들을 넘어 명징한 사건들로 다가간다는 말은 시인의 말을 토대로 본다면 시의 환기력을 믿는다는 뜻일 것이다. 우리가 문학작품을 읽는 이유는 허구나 잘 기획된, 혹은 편집된 서사나 정황을 통해 타인의 마음에 다가갈 기회를 주기 때문이다.

지금 이 세계에 필요한 것은 고귀한 메시지나 성공한 자의 멘토링이 아니다. 시인은 지금 이 사회에서 가장 문제적이고 가장자리로 밀려난 존재들을 중심으로 이야기를 전개해야겠다는 의도를 지니고 있다. 「명왕성의 항변」과 「세상의 가장자리」에서 경계의 존재들에 대해 이야기하는 것 역시 같은 맥락일 것이다. 이 세상은 여전히 병들어 있고 이 병을 완전히 회복할 수는 없겠지만, 다만 이러한 작업을 통해서 세상의 종말을 연착시킬 수 있지 않을까 하는 사유가 시집 곳곳에서 묻어나온다. 다만 이 모험 역시 손쉬워 보이지만 매우 어려운 작업이다. 가장자리에서 중심으로 역행하는 일은 쉬운 일이 아니다.

> 혼란은 혼란을 낳는다.
> 좌측통행을 하다가
> 윈더미어로 향하는 가늘고 긴 시골길에서
> 마주 오는 낡은 포드에 두 번이나 치일 뻔했다.
> 혼란이 없으면 질서도 없다.
> ―「워즈워스 집에 가다」 부분

시에서 보았듯이 우리나라와 차선 방향이 반대인 영국에서 시인은 의도치 않은 역주행을 통해 혼란과 질서의 관계를 파악해 낸다. 문학사적 유행이나 많은 사람들이 주목하는 방식의 시적 모험과는 별개로 매우 고전적인 방식이지만, 이제는 그것이 시대를 역행하는 일이며 시인 개인의 입장에서는 매우 위험한 일이기도 하다는 사실이 흥미롭다.

2.

2부에서 등장하는 '펀치 머신'은 알레고리로 읽힌다. 유하의 『무림일기』의 등장 이래 무협지 세계에 대한 시편들은 낯익지만, 주창윤 시인은 일상의 세계에 집중한다. 노량진에는 아직도 '적수공권赤手空拳 삼포三抛 청년객들이/ 공력을 쌓기 위해/ 등짐 가득 비서祕書들을 지고/ 일렬로 서 있는 문파들의 도장'(「노량 객잔 펀치 머신 — 유하 武林詩法」)이 있다. 그 이후 문학적 다양성이 확보된 상황이지만 여전히 세계는 악화 일로를 걷고 있다. 오히려 점점 더 문학과 삶의 간극은 커지고 있는 상황이다. 심지어 '때로는 분노가 된 민주民主가 치고 갔고/ 애증이 된 사랑이 박치기를 했고/ 길 잃은 실업失業은 옆차기도' 하는 지경에까지 이르렀다. 불특정 다수만 우리를 치고 가는 게 아닌, 우리가 믿어왔던 진리로부터 자본을 잃는 순간 동전 한 닢으로 얻어맞기 위해 몸을 일으켜야 하는 존재가 된 것이다. 그러한 상황에서는 깨달음조차도 사치이거나 무의미해

진다. '헐歇!/ 깨달음을 포기하는 소리'(「펀치머신, 헐歇!」부분)가 의미심장하다.

현실의 적들은 계속해서 강해진다. 소위 '파워 인플레'라는 표현이 있다. 만화나 게임 등의 창작물에서 등장인물들의 힘이 강력해지면서 적도 또한 더 강력해지고 그것을 극복하는 주인공도 더 강해져야 서사가 진행된다. 이 과정을 통해서 작가도 통제할 수 없는 힘의 인플레이션 현상이 일어난다는 뜻이다.

> 피카츄는 10만 볼트의 번개 펀치로
> 세상을 마비시킨다.
> 진화에는 끝이 없다.
> 그 옛날 바위 깨기 핀치나 분노의 앞니 정도는 견딜만했다.
> 감당할 수 없을 정도로
> 높아지는 포켓몬 펀치의 위력계수
> ―「포켓몬의 펀치 계수」부분

'요즘 젊은이들은', 으로부터 시작해서, '라떼는 말이야'로 희화화된 말들은 어디에서 오는가. 노력은 이제 더 이상 고귀하거나 성공을 보장하는 말이 아니다. 심지어 노력을 할 기회조차 없게 된 세상이 된 지 오래다. 우리가 펀치머신이 되지 않기 위해서는 세계에 산재한 '펀치머신'들을 때리는 입장이 되어야 한다. '오락실을 나오는 아이들/ 호주머니마다 살수의 무기가 하나씩 들어 있'(「포켓몬의 펀치 계수」 부분)는 이 세상을 누가 그렇게 만들었을까? 어떤 이들은 그래도 스스로를 위해 펀치머신을 때리겠지만, 어떤 이들은 스스로 펀치머신이 되려 한다. 승리자가 주가 되는 역사 안에서 얼마나 많은 패배자들이 있었는가. 아직도 패배를 선취하며 이 사회에 경고하려는 사람들이 있다. 이 전언들은 너무 늦었으면서도 가장 적절한 때에 도착한 편지이다. 문득 머릿속에서 Beck의 노래 가사가 들려온다. 'I'm loser baby, so why don't you kill me?' 승리자들은 패배자들이 영원히 살아남기를 바란다. 우리는 펀치머신이 모두 사라졌을 때 다시 새로운 펀치머신을 개발할 것이다.

3.

그렇다면 주창윤 시인의 이 노래들은 영원히 재생되어야 할 노래가 된다. 우리가 바라야 할 것은 누구도 이런 노래를 할 필요 없는 세상이 오는 것이다. 시인도 역시 이러한 세상을 간절히 바랄 것이다. 고귀한 것과 미천한 것들이 자리를 바꾸고 위상이 변화할 수 있는 자리 중 하나가 바로 누구나 헐벗고 만나는 '사우나실'일 것이다. 시인이 3부에서 '사우나실'을 무대로 구성한 것도 그러한 의도가 있음을 짐작할 수 있다. 사우나실은 누구나 헐벗고 입장해야 하는 곳이다. 익숙하고 손쉽게 알 수 있는 비유일 것이다. 다만 이곳이 모두가 평등하게 만날 수 있는 안식처라는 인식만이 존재할 것이다. 하지만 이 공간은 매우 한시적으로 우리에게 안식을 줄 뿐이다.

    재앙의 나날들이었다.
    열정의 청년 노예들은 애굽으로 팔려갔다.

    한강 하구는 녹차라테가 되었고
    양서류들은 시내의 우물마다 알을 낳았다.
    열대 박쥐 떼가 들끓었고
    독종毒腫이 퍼져
    모두 다 마스크를 쓰고 다녔다.

    선지자를 따라
    홍해로 가는 홍대입구역 지하도에서
    서교로 가야 하는지 동교로 가야 하는지 길을 잃었다.
    바다는 갈라지지 않았다.

    거세지는 미세 모래폭풍과 구름기둥 넘어
    저 높이 사우나 산이 보였다.

산상으로 통하는 계단을 밟고 옥상으로 올라가서
   계명을 받았다.
   "각자도생해라."

   　　　　　　　　　　　　　　―「사우나 출애굽기」 전문

　이 안식처 역시 우리에게 "각자도생해라"라는 냉정한 메시지만을 전해준다. 적당한 수준의 고행과 쾌락을 통해 우리는 아주 잠깐 쉴 수 있는 것이다. 그마저도 '목욕 관리사 조 씨는 횟집 주방장 같'고 우리는 고통 앞에서 '생선회 접시 위로 올라온 광어처럼'(「사우나실 광어」 부분) 누워 있거나 '소금방 새우'처럼 '밖에서 누군가 부르스타 켜는 소리'(「소금방 새우」 부분)를 들으며 간신히 살아 있을 뿐이다. 그렇다면 마취에 가까운 이 깨달음을 우리는 외면할 수 있을까? 아마도 그렇지 못할 것이다.
　'하루 동안의 구원을 받은 후/ 다시 찌그러지고/ 구토하기 위해서'(「사우나실 모래시계」 부분) 우리는 어쩌면 끊임없이 소모되기 위해 제자리걸음으로 삶을 살아내고 있는 것이다. '모래시계'는 언제나 뒤집힌다. 값싼 위로와 진리만을 추구하는 삶이 우리를 간신히 견디게 한다. 시인은 부정과 긍정을 번갈아 하며 우리 삶의 눅진한 현실을 보여준다. 끝내 이 삶을 지속할 수밖에 없는 운명이지만 시인은 이 현실을 부정하지 말 것을 우리에게 주문하고 있는 것이다. 값싼 깨달음의 대가로 타인의 삶을 평가하는 우리는 얼마나 비루한가. 사는 동안 혹은 죽음 이후에도(아직 누구도 그곳에서 증거를 가지고 돌아온 적이 없지만) 우리는 이 모순 안에서 살아갈 것이다.

   주창윤 시인이 배달부를 자처하며 우리에게 전달하는 메시지는 아주 오랫동안 수취인 불명 상태였다. 모두 다 알고 있다고 믿고, 이해하고 있다고 말하는 당연한 모순들이 아직도 시간과 공간을 넘어 해결되고 있지 않다는 사실을 떠올리게 한다. 새로운 것과 낡은 것 사이의 혼란을 야기하고, 소외된 자들의 모습을 입고 말하며 진리를 비웃는 일은 세상을 사랑하는 자만이 부릴 수 있는 간절한 경고이기 때문이다. 이제 우리는 수취인 불명이라는 단어를 지우고 시인이 전한 이 편지를 기꺼이 받아 읽어야 한다. 우리가 덜 아프기 위해 타인들에게 전가했던 고통을 다시 받아와야 한다. 사우나는, 그리고 세계에 존재하는 주관들은 누군가에게는 너무 뜨거운 지옥일 것이고, 그마저도 없으면 세상을 견딜 수 없는 안식처이다. 시인은 더 많은 사람들이 이 전언을 읽을 수 있도록 곳곳에 수많은 영화, 애니메이션 등을 차용한 모티프를 숨겨 놓았다. 상위문화와 하위문화를 구분 짓는 일을 부정하는 시인의 태도를 엿볼 수 있다. 또한 시를 사랑하고 열심히 읽는 독자들뿐 아니라, 대중문화 코드에 익숙한 미래의 독자들을 위한 마음이 숨겨져 있다.

긴 시간을 통과한 시인의 조심스럽고 섬세하게 직조한 이 편지에 슬픔과 감사를 전한다. 더 많은 사람이 이 오래된 절망에 동참해 주기를 바란다.

| 주창윤 |

1963년 대전 출생. 한양대 신문방송학과와 동 대학원 졸업하고, 영국 글래스고대 영화와 텔레비전 학과에서 박사학위를 받았다. 1986년 『세계의 문학』 봄호로 등단하였고, 시집 『물 위를 걷는 자 물 밑을 걷는 자』(민음사), 『옷걸이에 걸린 羊』(문학과지성사)을 출간했다. 저서로 『사랑의 인문학』, 『한국 현대문화의 형성』, 『허기사회』, 『대한민국 컬처코드』 등이 있다. 현재 서울여대 언론영상학부 교수로 있다.

이메일 : joo@swu.ac.kr

안드로메다로 가는 배민 라이더 ⓒ 주창윤

초판 1쇄 발행・2021년 5월 18일
초판 2쇄 발행・2021년 9월 27일

지은이・주창윤
펴낸이・이선희
펴낸곳・한국문연

서울 서대문구 증가로 31길 39, 202호
출판등록 1988년 3월 3일 제3-188호
대표전화 302-2717 | 팩스・6442-6053
디지털 현대시 www.koreapoem.co.kr
이메일 koreapoem@hanmail.net

ISBN 978-89-6104-282-6 03810

값 10,000원

* 잘못된 책은 바꾸어 드립니다.